The Wind Itself

Werner
Aspenström

Selected Poems
Translated by Robin Young

PLANET

First published in Wales in 1999
by Planet

PO Box 44
Aberystwyth
Ceredigion SY23 3ZZ
Cymru/Wales

Designed by Glyn Rees
Photo of Werner Aspenström (back cover): Ulla Montan

Printed by Gwasg Gomer
Llandysul, Ceredigion

ISBN 0 9505188 6 7

Contents

Foreword   1

from *Snölegend* (1949):
    Snow letter   3
    Shadows   7

from *Litania* (1952):
    You must practise living in reality   9
    The painter Rousseau departs this life   11
    One morning early   13
    Four lines   15
    from: Portrait of Swedish poets   17
    Poem ("Someone comes closer...")   19

from *Hundarna* (1954):
    Joy   21
    The unknown   23
    Europe   25

from *Dikter under träden* (1956):
    Ages   27
    Spring Étude for two fingers   29
    The woodcutter journeys to Heaven   31
    Icarus and friend Granite   33
    The soul in the North   35
    The child asks about the sun   37

from *Om dagen om natten* (1961):
    Passed by   39
    The white trees   41
    The briar-rose and the juniper bush   43

from *Trappan* (1964):
    Vladov hauled a sledge   45
    The horse   47

My Russian journey   49
The bells   51

from *Inre* (1969):
Dissenters   53
Climax and end of the season   55

from *Skäl* (1970):
One reason amongst many   57

from *Under tiden* (1972):
Tempus   59
Strindberg replies to an ornithological question   61

from *Ordbok* (1976):
Field Guide to Wild Flowers   63
Exchange and Mart   65
I sketch out a circle   67
The Interpretation of Dreams   69

from *Tidigt en morgon* (1976-80):
A moment in the pizzeria   71
Winter in the public park   73
Song 100,001   75
The larks   79
A singular motif   81

from *Sorl* (1983):
Post festum   83
Fiddler and transcriber   85
An account of dizziness   87
Colour   89
Dream without colours   91
The snow-leopard   93

from *Det röda molnet* (1986):
The cat pricks up its ears   95

from *Varelser* (1988):
    Lapidary report   97
    Music   99
    Return visit   101
    The splendour of great buildings   103
    Concerning the Supreme Being   105
    After the storm   107

from *Enskillt och allmänt* (1991):
    The tower   109
    Language   111
    Soon the century will fold up its *News*   113
    For squirrels it's different   115
    The stranger   117

from *Ty* (1993):
    The dream about the giant block of ice   119
    Words without song   121
    My Greek world-picture   123
    The horsewoman   125

from *Israpport* (1997):
    Infinity and the loaf of bread   127
    Once, in sleepy districts   129
    Longing   131
    Ice-report   133

Editions and texts   134
Notes   135

Acknowledgements

I am most grateful to Signe Lund-Aspenström for permission to print the Swedish originals of these poems, and for her kindness in letting us use the photograph reproduced on the cover of this book. I should also like to thank Helle Michelsen and John Barnie for their friendly and efficient collaboration in the production of the book, their professionalism and their many valuable suggestions. Any remaining inaccuracies or misjudgements are, however, entirely my own responsibility.

Amongst the many friends and colleagues who have contributed in various ways to the making of these translations, I should like to give special thanks to Patricia Duncker for encouragement and good advice, and to Frøydis Marheim Young for help in obtaining books and materials from Scandinavia. And I should like to record my gratitude for the generosity and hospitality of the late Øivind Holter, in whose house overlooking the Bunnefjord some of these translations were made.

Foreword

Werner Aspenström's poetry is not of the kind which seems to demand knowledge of the life in order to unravel the meaning (or explain the deficiencies) of the text. That he was born into a poor household in the rural and mining district of Bergslagen in 1918; that his father died young; that he himself passed through Folk High School to University; and that he afterwards enjoyed a long and distinguished career as poet, dramatist, prose-writer and reviewer — all this is a matter of record, and must have left its traces in his work. Writers write out of their own experience. But Aspenström's poems achieve a kind of completeness and separation; virtually all one needs to know is contained in the poems themselves. To reverse Gunnar Ekelöf's dictum: what he has written is written *within* the lines.

One can learn much, though, from hearing archive recordings of Aspenström reading his own work. At first the delivery seems matter-of-fact and monochrome. But the more carefully one listens, the more clearly the inner drama of the poems is revealed in the timing, the knife-edge rhythmic precision and control, the subtle varying of tempi. Even — especially — at his most richly imaginative, Aspenström is a fabulist not a fantasist; and the humane, gently quizzical tone of many of the poems — their quality of 'moral charm' — is contained and defined by the most rigorous craftsmanship.

To produce analogous poems in another language has been a task as formidable as it has been pleasurable. It is axiomatic that poetry both is and is not translatable. The translator can produce a more-or-less exact transcript in dead prose. Or (s)he can use the original as the basis for a new and, inevitably, rather different poem with its own sound-world, its own sense of structure and *Grundtakt* — in other words, the qualities one looks for in all good poetry. The translations in this volume are *versions*; which is to say that whilst I have stayed as close as possible to the tone, structure and content of the originals, my overriding concern, where choices have had to be made, has been to (re)create satisfying poems in English. And it is on that basis (which seems to me the highest compliment one can pay to the originals) that I hope they will be judged.

Robin Young, March, 1999.

1

Snöbrev

Ett brev sänder jag dig nu
syster på den blå verandan
ett brev skrivet i snö
med svar på dina många frågor.
En häst och en ryttare av snö
skall bära det till din dörr.

Det är sant att slätten är smärtsamt fri
och att konungen är sträng i sin tystnad.
Ge mig ett berg och ett eko säger rösten
om en mild horisont ber ögonen ofta.
Din oro syster är ändå för stor:
fågeltorn kan resa sig på dessa fält
och vita duvor korsa nattens dimma
minnen bygga sina grottor drömmar
tända sina lyktor.

Det är rätt det du frågar om vinden.
Ofta lockades vi ut av misstag
någon hörde steg någon röster.
Alltid var det samma skärande vind
som blandade snö med snö.
Dagen kan därför bli lång men de som väntar
har alltid sin väntan tillsammans
de vakna delar sin vakenhet de sovande
har stämt möte i sin sömn.

Det finns naturligtvis värme mellan oss
fastän vi har blivit snömänniskor
en lägereld som vi sträcker händerna mot
om den också inte brinner med lågor.
De som länge levat under valv av frost
kan plötsligt lyftas liksom av en våg

Snow letter

I send you a letter,
my sister on the blue verandah,
a letter written in snow
with answers to all you have asked.
A horse and horseman of snow
shall carry it to your door.

— It's true that the plain is tormentingly open,
and the king is strict in his rule of silence.
"Grant me a mountain, an echo," pleads the voice;
eyes often long for a gentler horizon.
Your unease, sister, is even so too great.
Birds can rise from these fields, a living spire,
and white doves circle the darkness;
memory can build its caverns, dreams
kindle their lanterns.

— What you suggest about the wind is true.
Often we're lured out in error
— one has heard footsteps, another one voices —
it's always the wind, that searing wind
weaving snow with snow.
Yes, days can be long here, but those who wait
are always waiting together,
the wakeful sharing their watchfulness, the sleeping
together in sleep.

And warmth, of course, has grown between us
although we've become people of snow.
We share a fire we stretch our hands towards,
though one that does not burn with flames.
Those who have lived for long under vaults of hoar-frost
can suddenly feel uplifted as though by a wave,

kan genomströmmas av en okänd kärlek
en oerhörd koral som blodets tunna orgelpipor
aldrig lät dem höra.

Ett brev skriver jag till dig
syster på en blå veranda
en hälsning att jag tänker stanna
att jag kanske aldrig återvänder.
Jag har druckit ett vin av snö
jag älskar en kvinna av snö.
Av snö är ryttaren och hästen
som nu bär brevet till din dörr.

can be warmed by a current of unknown love,
a tremendous chorale the blood's thin reed-pipes
never allow them to hear.

I write you a letter,
sister on a blue verandah,
a message that I intend to stay,
a greeting from one who may never return.
I have drunk a wine of snow.
I love a woman of snow.
Of snow the horseman and horse
who carry this note to your door.

Skuggor

Min mun vandrar över ditt ansikte.
Mina ögon följer din landskapslinje
från höften upp mot skuldrans
vita udde.
Mina händer stryker över din hud
som över ett okänt tyg.
Så vill jag pröva att du finns
så vill jag höra ekot
återvända.

Alltmera fjärran darrar lönnens grenar
och rummets fönster växer ut mot havet.
Men vi har känt varandras eld och smärta
och natten

så låt natten falla över dessa brända
ord och vingar.

o skuggor
o vilda kärlek mellan skuggor.

Shadows

My mouth wanders over your face.
My eyes trace the swell of your upland ranges
from hips to the shoulders'
white foreland.
My hands move over your skin
as though it were made of something unknown.
So I am trying to make sure you really exist;
so I will hear your echo
answering.

More and more distantly, the maple branches tremble;
the bedroom windows stretch towards the sea.
But we have known each other's fire and pain
and darkness

so let the darkness cover these fire-scorched
words and wings.

oh shadows
oh wildness of love among shadows.

Du måste öva dig i det verkliga

När din syster kommer på besök
talar ni ofta om syrener
som om syrenen vore en död växtart
och inte varje juni blommade på nytt
i salar av mild honung och trastars sång.
Kanske är den död för dig?
Bakom slutna ögon återser du världen.
Rösterna når dig, viskande, otydbara
och som ett sorl från avlägsna rum.
Livet glider förbi i spegling efter spegling
likt årstiderna i en stad av sten,
där grönskan är en hörsägen (sann eller osann)
berättad av lantmän på torgen
och där även havet är en hörsägen,
en gammal försupen skeppares dröm.
Du är utstött ur sinnenas krets.
Dina sinnen har inga vänner här.
Fåfängt sänder du dem ut på spaning.
Men hur kan den som själv ej älskar
vänta att någonstans bli mottagen?
Du måste öva dig i det verkliga,
inpränta tingens namn, ett efter ett,
de ursprungliga tingen, de ursprungliga orden.

You must practise living in reality

When your sister comes on a visit,
you often talk about lilacs
as though lilacs were a species now extinct,
as though they didn't blossom again each June
in rooms mild with honey and the thrushes' song.
For you, perhaps it really is extinct?
Behind closed eyes, you re-envisage the world.
Voices reach out to you, whispering, unclear
as murmurings from distant rooms.
Life slips by, reflection on reflection,
like seasons in a town made all of stone,
where greenness is a legend (true or false)
told by farmers in the market-square,
where also the sea is a legend,
a drunk old skipper's dream.
You are an exile from the senses' world.
Your senses do not have friends here.
In vain you send them out to search —
But how can those who do not love
expect themselves to be accepted?
You must practise living in reality —
must learn by heart, one by one, the names of things,
those primal things, those primal words.

Målaren Rousseaus avfärd från livet

Lejonet, pantern och de lugnt betande lammen,
aporna, ormarna och de bjärta djungelfåglarna,
den sista natten höllo vi vakt vid hans kista,
vi hans sörjande barn.
Zigenerskan var också där,
Yadwigha, flöjtspelaren och det unga paret
just på hemväg från karnevalen.
Natten färdades långsamt fram.
Gula månen stod liksom vi på vakt,
strandens stelnade träd
och de tusen gröna löven.

Strax efter klockan sju på morgonen
kom hjulångaren plaskande nerför floden.
Vi bar honom ombord. Kaptenen
blåste till avgång.

Du tvivlets och katastrofernas Gud,
stör icke målaren Rousseau i hans tankar,
låt honom tro att allt står oförändrat kvar
och att de vilda djuren än låter sig tämjas av flöjter.

The painter Rousseau departs this life

The lion, the panther and the quietly grazing lambs,
the apes, the serpents and the gaudy jungle birds —
that final night we kept watch by his coffin,
we his children in our grief.
The gypsy-woman too was there,
Yadwigha, the flautist, and the loving pair
on their way home from the carnival.
The night drew slowly on.
The yellow moon stood there like us on watch;
trees motionless by the shore,
the green of their thousand leaves.

   Just after seven in the morning
   the paddle-steamer toiled downstream.
   We carried him on board. The captain
   gave the signal to depart.

You God of doubts, of all the world's disasters,
do not disturb the painter Rousseau in his thoughts.
Let him believe the world is unaltered still, that wild
beasts still can be tamed by the sound of flutes.

En gång i en tidig morgon

En gång i en tidig morgon, ljusets
och sinnenas morgon.
Mellan dig och världen var inget töcken,
inga slöjor.
Himmelen var ofattbar som nu, kanske högre
men ändå inte fjärran.
Minns du hur människornas boningar
voro liksom pålade fast vid marken?
Stenarna vilade tungt i sina hålor.
Blommorna vilade tungt i sina höljen.
Hästarna stodo drömmande under träden.
För fågelskaran och för sången, för dem
som kastas i flykt från land till land
fanns ännu reden och viloställen.
Även de stora städerna levde vid den tiden trygga,
inneslutna inom sina murar.

One morning early

One morning early, in light
and the senses' dawn,
no mist between you and the world,
no veil of haze;
heaven was, as now, beyond our grasp — higher
maybe, yet not wholly distant.
Do you recall how the dwellings of men
seemed anchored deep in the earth?
Stones weighed deep in their hollows;
flowers leaned heavy in their sheaths.
Horses stood under the trees and dreamed.
For the flocks of birds and their songs, for those
cast out into flight from land to land,
there was still a nest, a resting-place.
Even great cities lived at that time secure
behind their walls, enclosed.

Fyra rader

Är det bärnstenen och bärnstenens gula ådror
eller den grönblå skuggan på en kvinnas skuldra?
Hjälp mig med färgerna i kväll — en junikväll,
när himlen ligger utspilld över vattnet.

Four lines

Is it amber and the golden veins of amber
or the blue-green shadow on a woman's shoulder?
Help me to sift the colours on this evening, an evening
in June, when the skies have spilt their light across the lake.

Porträtt av svenska poeter

4

Lövsångaren, den fåordiga prinsen,
vilar i sitt fågelbo.
Ritar ibland med vingpennan
sin skrift mot rymden.
Sammanfattar i två penseldrag
stormens dån i ett träd.
Lägger ofta sina dikter
i daggkåpor.

Bortom nyanserna
det rätta ordet.
Bortom ordet
den rätta tystnaden.

from **Portrait of Swedish poets**

4

Willow-warbler, prince of few words,
rests in his tree-house.
Traces with wing-feather pen
a design against space.
Conjures in two pencil-strokes
the bellow of wind in a tree.
His poems are often laid
in cups-of-dew.

Beyond the shading of meanings
the word that's exact.
Beyond even words, the
precision of silence.

Dikt

Någon närmar sig i mockasiner.
Det kan inte vara haren.
Och inte gryningen.

Då kikar han fram mellan två granar.
Svarta flätor, påfågelsfjädrar,
och liknar alls inte månen.

Poem

Someone comes closer, in moccasins.
It can't be the hare
nor the light of dawn.

Then he peers out between two spruce-trees.
Tresses of black, peacock feathers;
nothing at all like the moon.

Glädjen

Gråvädersdagen trycker mot takåsen.
Det luktar mögel och sorgsenhet.
I hjärtats ena kammare molar raseriet,
i den andra sitter döden och gäspar.
Plötsligt kan glädjen uppenbara sig,
morgonfräck, nästan prålande,
som tuppen på en gödselstack.

Joy

Glum weather weighs on the roof-top.
Everywhere stinks of gloom and mould.
In one of the heart's rooms, rage is aching;
in the other, death lounges and yawns.
Suddenly, joy can unmask itself —
brash as the morning, garish, almost,
like the cock on a dunghill.

De okända

Sekel efter sekel
dessa vandrande folkstammar.

Över de gråtande brospannen
släpar de sina kärror av bambu,
medan högt på bergskrönen
furstarnas jaktslott glänser.

De okända är alltid de flesta.
Du har sett en handfull.
Du har talat vid färre.

The unknown

Century after century,
these wandering tribes.

Over the weeping arches of the bridge
they drag their wagons of bamboo,
whilst high on the hill-tops
the princes' hunting-lodges gleam.

The unknown are always the many.
You have seen just a handful.
You have spoken to fewer still.

Europa

Gamla pinnsoffor och katedraler,
säckpipor och zeppelinare,
väderkvarnar utan vingar.
Män med björnskinnsmössor.
Kvinnor i påfågelshattar.
Barn tunnare än ståltråd.

Hur skulle skepparen kunna minnas
alla legender om sjunkna öar?
Europa?
Vilket år hände det?
Var det sommar eller vinter?

Europe

Ancient rail-back sofas and cathedrals,
bagpipes, zeppelin-airships,
windmills bare of sails.
Men in bearskin bonnets,
women in peacock hats,
children thinner than steel wire.

How should the captain remember
all those tales of undersea islands?
Europe?
Which year was that?
Was it summer or winter?

Åldrar

På frågan om sin ålder svarade trollet:
"Tre ekeskogar såg jag växa upp,
tre ekeskogar åter ruttna ned."

Medellivslängden hos hundar är tolv år.
Tjugoåriga hästar leder man till slaktaren.
Jag antecknar min trettiosjunde födelsedag.

Sent, men ej för sent att vaska guldsand
i solrännan. Allt kött är inte hö.
— Men gladast fotens lek i forna gräset.

Ages

Asked about his age, the troll replied:
"Three oak-woods I have seen grow up,
three oak-woods moulder back into the grasses."

The average life-span of a dog is twelve.
At twenty, horses are led off to the knacker's.
I now record my thirty-seventh birthday.

Late, but not too late to pan for gold
at crack of dawn. All flesh is not as hay.
— But feet dance happiest through last year's grasses.

Våretyd för två fingrar

Förvånande mängd av violiner
som legat gömda under snön!
Nu öppnas de svarta fodralen.
Citronfjärilen finstämmer
sina vingar. Svalan
uppdyker ur sjön.

Den långa silversträngen
spänd mellan fjället och dalen
börjar vibrera.
Allting härmar allting.
Takdroppet härmar
pilfinkens kipp kipp.
Vad säger Platon om grodan?
Att hon härmar den porlande bäcken!

Jag inskriver mig i naturens skola.
Att vända notbladen åt mästaren:
all musiks början.

Spring *Étude* for two fingers

Astounding numbers of violins
which lay hidden under the snow.
Now the black instrument-cases open.
Brimstone butterflies fine-
tune their wings. Swallows
bob up from the lake.

That long silvery string
tensed between mountain and valley
begins to vibrate.
Everything mimics everything
else: the drip from the roof
mirrors the sparrow's *kipp kipp.*
What does Plato say of the frog:
that it echoes the voice of the brook?

I enroll in nature's school,
turning pages for the master —
all music's beginning.

Vedhuggarens himmelsfärd

Lagd på stupstocken:
"Anförvanter har jag inga,
undantagandes denna masurstubbe".
Huvudknoppen, bortrullande:
"Nykluven alved är också röd".
Vid överfarten, till färjkarlen:
"Du borde stryka båten med tjära,
inte med mönja och oljefärg".
Till änglarna: "Med god vilja
liknar ni skogsduvor".

The woodcutter journeys to Heaven

Head laid on the block:
"Family I have none
save for this birchwood stump."
The severed head, rolling away:
"New-cut alder-wood is red as well."
On the journey across, to the ferryman:
"You should seal this boat with tar,
not red-lead and oil-paint."
To the angels: "You might just pass
for stock doves, with good will."

Ikaros och gossen Gråsten

Efter att ha läst 73 (förträffliga) dikter om Ikaros
önskar jag lägga ett ord för hans lantlige kusin,
gossen Gråsten, kvarlämnad på ängen.
Jag talar också på en grästuvas vägnar
som åtnjuter skugga och vindskydd.

Efter att ha läst 73 dikter om flykt och om vingar
önskar jag frambära min hyllning till fotsulan,
den nedåtvända själen, konsten att stanna
och att äga tyngd – såsom gossen Gråsten
eller hans syster, hemmadottern fröken Granbuske,
som glanslöst men evigt grönskar.

Icarus and friend Granite

Having read 73 (excellent) poems on Icarus,
I'd like to put in a word for his country cousin,
friend Granite, still stuck in the meadow.
I also speak on behalf of a tussock of grass
enjoying shadow, and standing out of the wind.

Having read 73 poems on flying and wings,
I'd like to pay tribute as well to the soles of the feet
(those downward-turned souls), to the art of staying
put, the property of weight — like friend Granite
or his stay-at-home sister Spruce,
whose lustreless greenness lives on for ever.

Själen i Norden

O dessa mörka skogar inom oss
där jättarna slumra.
Det som vi kallar själen
är bara en vandrande solfläck
under träden, en uthuggning
dit det snedställda ljuset når.

The soul in the North

Ah, these dusky forests within us
where giants lie sleeping.
What we call the soul
is only a wandering sunspot
under the trees, a clearing
where the slant of sunlight reaches in.

Barnet frågar om solen

Ljusets vita vattenfall
genom molnen, genom löven
och på barnets frågekvarn:
varför och varför?
Världens enkelheter går ej
att förklara. Inte gräset,
inte ljusets vattenfall, det vita,
ohörbara.

The child asks about the sun

White waterfall of light
spilling through clouds and through leaves
on the child's spinning millwheel of questions —
asking why, asking why?
Things of this world are not
to be explained. Not the grasses, not
the waterfall's brightness
inaudible.

Den omkörde

Med tveksamma steg
närmar han sig korsvägen.
Gotama Buddha kör förbi.
Karl Marx kör förbi.
Kristus vänder sig om
och betraktar honom
med stingande ögon.
Gärna stannade han här
i skogsbacken
bland rullande harar
och örter som ej börjat tänka.

Passed by

With hesitant step
he approaches the crossroads.
Gautama Buddha drives by.
Karl Marx drives by.
Jesus Christ turns round
and observes him
with stinging eyes.
He would like to stay here
on the wooded hillside
amongst gambolling hares, and plants
which have not begun to think.

De vita träden

Där bonden planterat tio äppelträd
stod tio runda hägringar på rot.
Vi hade gått ut för att lyssna till göken
och hejdade stegen.
På återvägen stannade vi på nytt
för att i motljus bese
dessa märkvärdiga nystan, i vilka
humlor och bin satt fastnålade.
Men det var länge länge sedan ...
Någon är död.
Det måste vara jag.
Genom tomma ögonhålor strömmar
tidvattnet av och an,
berövar mig ett liv,
tillför mig ett annat.
Luften är så mild i kväll att andas
i de dödas trädgård
som behövde jag alls inte andas.
Någon närmar sig på fjädermolnsheden.
Sätt dig på den vita bänken,
H. C. Andersen,
skall jag berätta en saga för dig
om världsträdets blomning...

The white trees

Where the farmer had planted ten apple-trees,
ten plump spectres hovered above their roots.
We'd gone out to listen to the cuckoo's call
and suddenly checked our step.
On the way back, we paused again
to view against the light
these curious globes
where bumble-bees and honey-bees sat transfixed.
But that was long, long ago...
Someone is dead.
It must, I think, be me.
Through vacant eye-sockets, the tides
sweep out, sweep in,
deprive me of one life,
supply me with another.
The air this evening is so mild to breathe
in the garden of the dead
there seems no need for me to breathe at all.
Someone approaches over the cirrus-cloud
heath. If you sit on that white bench,
Hans Andersen,
I will tell you a tale
of how the world's tree flowered...

Rosen och enbusken

Nyss satt den nickande sädesärlan
på den sorgögda hästens rygg.
Utanför fönstret står en nyponros
sammanflätad med en enbuske.
Ja, det började ofta som lek
mellan olika barn.
Tiden söndrar de utkorade
och sammanför de outkorade.
Nödtvång blir innerlighet.

The briar-rose and the juniper bush

Just now, the nodding wagtail perched
on the sad-eyed horse's back.
Outside the window, a briar-rose stands
entwined with a juniper bush.
It often begins like that, in play
between dissimilar children...
Time separates the chosen ones,
brings the unchosen closer.
Necessity leads to love.

Vladov drog en kälke

En jätte var jag, en jättes krafter hade jag,
när jag lade domkyrkan och kejsarpalatset på kälken
och drog åstad ut på snöslätten.
Jag ville undanskaffa orättfärdigheten.
Ju längre jag drog, desto mindre blev jag.
Stjälpte av alltsammans och skyndade bort,
jag var då mycket liten.
Strax började kyrkklockorna dåna bakom mig.
Kristallkronorna i palatset tändes.
Statyer, sarkofager och små lökkyrkor
växte upp runt omkring.
Där jag stod i skogsbrynet såg jag orättfärdigheten
oföränderligt stråla.
Att undanskaffa den blir en uppgift för mina barn.
Önskar mig många barn: jättar, obevekliga.

Vladov hauled a sledge

I was a giant, and had a giant's powers,
when I laid cathedral and emperor's palace on the sledge
and marched out into the snowy plains.
I wanted to clear away unrighteousness.
The further out I went, the smaller I grew.
I tipped off all the load and scuttled away;
I had grown *so* small.
Straight away, the church-bells started to boom behind me.
The palace chandeliers were lit.
Statues, coffins of stone, little onion-domed churches
sprang up all around.
Where I stood in the forest-eaves, I saw unrighteousness
blaze out, unchangeably.
To clear it away will be a task for my children.
I wish for many children: giants, implacable.

Hästen

Åskan brakar och bråkar sig fram över Hälsinglands skogar,
fäller en blixt än här, än där,
och dödar i förbifarten en apelkastad häst,
som ingen stalldräng längre rider på och ingen minns
och ingen sörjer — utom källan,
i vilken den doppade sin varma mule
och rörde om bland stjärnorna, som fastnat i evigheten
högt över Hälsinglands skogar.

The horse

Thunder booms and blasts over Hälsingland's forests,
scatters a shaft of lightning, now here, now there,
and kills in passing a dapple-gray horse
which no groom rides any longer, and no-one remembers
and no-one mourns — save for the spring
in which it would dip the warmth of its muzzle,
moving its face in a sky full of stars, as though snared
in infinite space, far over the forests of Hälsingland.

Min ryska resa

Det var en söndagsförmiddag i maj.
Jag skyndade ut på Djurgården och sålde
mitt svävande huvud till en liten flicka,
som strax tappade det.
Lyckligtvis blåste det västanväder.
Jag seglade in över Rysslands landsbygd,
dit jag alltid längtat.
Jag hörde vaktlarna slå såsom hos Tjechov
och tågen ryta på det sätt Andrejev beskrivit.
Jag såg pråmar glida nerför Volga
mästerligt styrda som Jesenins dikter.
Mitt huvud växte än mer, upplöstes
och införlivades med atmosfären,
den som förmänskligar solen,
blåmålar den svarta himlen och skänker oss
majs sköna dagar och junis sällsamma nätter.

My Russian journey

It was a Sunday morning in May.
I hurried out into Djurgården, and sold
my floating head to a little girl
who straightaway let it slip.
Luckily, the winds were blowing from the west.
I sailed in over Russia's countryside
where I'd always longed to go.
I heard the quails call, just as in Chekhov,
and the trains bawl out, the way Andreyev describes.
I saw great barges slide down the Volga,
as masterfully steered as Yesenin's poems.
My head inflated even more, dissolved
and was absorbed into the upper air —
that which makes the sun more human,
paints the black heavens blue, and grants us
the beautiful days of May, the mysterious nights of June.

Klockorna

Obestigna talarstolar överallt, i öknarna,
i städerna, på havsstränderna.
Tribuner och estrader, bräder lagda på bockar,
podier, förgyllda predikstolar,
alla obeträdda.
Mitt på Antarktis reser sig en talarstol,
huggen i is, obestigen.
På flygfälten har de glänsande trapporna
rullats fram, förgäves,
ingen anländer.
Hängande på varandra, sensommarlystna,
ilar trollsländorna förbi.
Långt ute på slätten, där pilalléerna möts,
ringer en klocka, ringer och ringer
utan något skäl, ringer och ringer
utan budskap i den klara höstluften,
i den väntande skogen,
där svamparna ruttnar, viljelöst, sorglöst,
utan något att säga,
på väg ner i jorden, likt smältande klockor.

The bells

Everywhere, lecterns which no-one is using,
in deserts, in cities, by the sea shore.
Tribunes and platforms, boards laid on trestles,
podia and gilded pulpits,
all unused.
Deep in Antarctica, a lectern towers
hewn out of ice, unused.
At airfields, the gleaming stairways
are rolled out in vain;
no-one is landing.
Clinging on to each other, voluptuous in late-
summer frenzy, the dragonflies hasten by.
Far out in the plains, where ranks of pollard willows
converge, a bell is ringing, is ringing and ringing
without any reason, is ringing and ringing
without any tidings in the clear bright autumn air,
in expectant forests
where toadstools are rotting, without will, without
care, with nothing at all to say,
on their way down into the earth, like melting bells.

Sekteristerna

Betacka dig för att bli vittne till det osannolika
i sannolikhetens tidevarv.
Skaran var inte stor.
De hade stått på ett berg, omslutna
av det som är närvaro och inte ett samtalsämne.
Spärrvakten undrade vart de skulle resa.
De kunde inte bestämma sig.
Stationen var av den gråa, odekorerade sorten.
Var har det varits? undrade han
och sneglade på deras osannolika bergsklättrarskor.
De kunde inte förklara sig.
De hade sett republiker och kungadömen störta
och ett nytt rike ljudlöst uppstå i rymden.
Ska det åkas eller ska det stannas?
Han började bli trött på de veliga typerna,
som plötsligt satte igång att sjunga någonting okänt
— som hade en förtvinad körtel fått liv igen
eller som fanns det en obeaktad tredje sida
på våra nötta grammofonskivor.
Ordningsmakten kom som den måste göra
där sannolikheten råder.
Några försökte skriva ner vad de sett och hört.
Att de inte lyckades får inte skyllas
på vakter och spärrvakter bara.

Dissenters

Beware of witnessing improbable truths
in an age which only values probabilities.
Their fellowship was not large.
They had stood on a mountain-top, beset
by what is immanent, not fit for idle conversation.
The ticket-inspector wondered where they meant
to go. They could not make up their minds, exactly.
The station was dreary — grey and unadorned.
Where had they been, he wondered,
gazing askance at their unlikely mountaineering
boots. They could not explain.
They had seen republics and kingdoms fall,
a new state silently rise up out in space.
Would they go or would they stay?
He began to feel tired of these crazy types
who suddenly started to chant an unfamiliar song.
It was as though some withered gland had come to life,
as if an unremarked third side had appeared
to a worn-out gramophone-record known too well.
The forces of order came, as they must
in a world where probabilities rule.
Some people tried to write down what they'd heard and seen.
That they did not succeed wasn't only the fault
of the guards and the ticket-inspectors.

Säsongens höjdpunkt och slut

Ridån gick upp.
Gud gav Job den första örfilen,
Job slog tillbaka.
Pjäsen började intressera oss.
Ecce homo!
Där hon yxar till ett kors!
Där hon hänger på sitt kors!
Kungamord, folkmord, ritualmord,
lustmord ...
Saftiga händelser slag i slag
som teaterpubliken vill ha det.
Slutscen:
dödgrävarn lyfter kraniet
mot en stjärnströdd fond,
ett janusansikte, ett dubbelkranium!
Sublimt?
Eller utmana löjet?
Hamlet lämnar scenen.
    Kvar är scenen.
Folket lämnar scenen.
    Kvar är scenen.
Ljuset släcks på scenen.
    Kvar är scenen
under mörkret, före mörkret,
före de historiska skådespelen,
före de fem religionerna,
före de sotade handstämplarna
på grottans väggar...
Träden lövade sig för varandra
i frihet.
Fåglarna tog i ingens åsyn
de första simtagen.

Climax and end of the season

The curtain went up.
God gave Job the first box on the ear.
Job hit back.
The play began to get interesting.
Ecce homo!
There's humanity, carving out a cross!
There it is, dangling from its cross!
Regicide, genocide, ritual murder,
murder out of lust.
Juicy goings-on, swiftly, blow by blow,
just as the theatre-goers like it.
Final scene:
the grave-digger holds up the skull
against a star-studded back-cloth —
a janus-face, a double skull!
Sublime?
Or laughter-provoking?
Hamlet leaves the stage.
    The stage is still there.
The people leave the stage.
    The stage is still there.
The lights go out on the stage.
    The stage is still there
in the darkness, before the darkness,
before the historical dramas
before the five religions
before the sooty hand-prints
on the walls of the cave...
The trees bedecked themselves with leaves for each other
in freedom.
The birds, observed by no-one,
swam the first strokes.

Ett skäl bland många

Hägringar, kan de försvaras?
Inte inför domstol.
Drömmar, väger de något?
Inte i alla vågskålar.
Att dikta, är det hederligt?
Inte särskilt.
Ändå fortsätter ni?
Det är en gammal historia.
Det är Homeros' gamla galoscher
som seglar av bara farten.
Det är sandiga och skavande knäppkängor
med osaliga varelser i
på väg till havet.
Och där står de en liten stund.
Och där doppar de tårna.
Och där tar de några djupa andetag
utan att tänka på att de andas
eller att de en gång skall sluta andas.

One reason amongst many

Visions — can they be defended?
Not in any court.
Dreams — do they carry any weight?
Not in every set of scales.
Writing poetry — is it honest?
Not particularly.
And yet you all keep on doing it?
It's an old, old story:
it's Homer's old galoshes
which sail out of sheer momentum;
it's sandy, worn-down button-boots
with their freight of lost souls
on their way to the sea.
And there they stand a little while,
and dip their toes in the water.
And there they take a number of deep breaths,
without even thinking that they're breathing
or that one day they will cease to breathe.

Tempus

Hon var vid tillfället hälften så gammal som nu.
Hon satt på det cirka 20 meter höga "Berget"
och tittade ut över en vassinhägnad,
omkring 100 meter bred skärgårdsvik.
Hon befann sig där för att ett månsken en gång
hade mjölkat fram en vit ko ur en mörk skog.
Lust låg beredd, men skrämsel förde dem samman.
Eftersom de var giftasvuxna gifte de sig
och andra rädslor tog vid.
Åren gick.
De skilde sig tidvis men skilde sig aldrig.
Och nu var det nu.
Hon hade lagt en virkad schal över knät
i väntan på frossbrytningen som följer på en varm dag.
"Kvällens guldmoln" speglade sig i vattnet
och en kvinna i 60-årsåldern rodde just ut
för att lägga nät.
Martallarnas röda soldrivor
töade långsamt bort.
Förutom de sömmande årtagen
hördes en trast.
Hon som var hälften så gammal som nu berättar
att hon fylldes av en "obestämbar lycka",
som inte kunde skiljas från sorgen över
att detta inte skulle bestå.
60-årskvinnan, som efter varje regnväder
brukade tacka Gud för "det rara vattnet i tunnan",
levde ytterligare 15 år och vilar i en kravellbyggd kista
på läsidan av en grå kyrka, vars träkors
används som sittpinne av trutar och kråkor,
växelvis och efter rituella trätor.
"Berget" har höjt sig en aning
till följd av att vassviken slammat igen
och landisen, tillfälligt, dragit mot norr.

Tempus

She was, at the time, just half as old as now.
She sat on the "Mountain" — some 60 feet high —
and looked out over a reed-fringed creek
in the skerries, a hundred yards across.
She was there because, once, the moonlight
had milked a white cow from the darkness of a wood.
Desire was there already, but fear drove them together.
Since they were old enough, they married,
and other forms of terror took its place.
The years passed by.
From time to time they parted, but never parted
really. And now it was the present.
She'd laid a crocheted shawl across her knees
to ward against the shivering-fits which follow a warm day.
The "golden clouds of evening" were mirrored in the waters
and a woman in her sixties was rowing out to set her nets.
Red sun-drifts in dwarf pine-trees
were slowly thawing away.
Besides the sleepy rhythm of the oar-strokes
you could hear the song of a thrush.
She who was half as old as now confessed
she was full of an "indefinable joy"
which she couldn't divorce from the pain
of knowing it couldn't last.
The woman in her sixties, who each time it rained
gave thanks to God for "the fine water in the barrel",
lived 15 years more; now she rests in a carvel-built coffin
in the grey church's lee, whose wooden cross
serves as a perch for gulls and crows,
each in their turn, and after ritual battles.
The "Mountain" has grown a little,
as the reed-fringed creek has silted up once more
and the land-ice, quite by chance, has drawn back northwards.

Strindberg besvarar en ornitologisk fråga

Strindberg sitter i sin korgstol
i den egenhändiga trädgården
under en vidbrättad hatt
bakom ett myggnät nerklämt i skjortkragen.
Han verkar inte sinnessjuk
och inte särskilt retlig heller
trots att många blodsugare är i rörelse.
Återigen har det blivit lördagskväll
och en leksakstrumpet har drunknat
"uti vattentunnan".
På hemvägen stannar jag och undrar:
Säg,
varför sjunger staren oombedd om hösten?
Strindberg drar ett bloss på den långa pipan
som han stuckit ut genom ett hål i myggnätet
och konstaterar torrt, som en som vet sin sak
och inte gissar:
Den saknar skäl att låta bli.

Strindberg replies to an ornithological question

Strindberg sits in his wickerwork chair
in a garden of his own devising
under a broad-brimmed hat
behind a mosquito-net, its end stuffed into his collar.
He does not seem crazy,
and not especially irritable, either,
despite the many blood-sucking insects on the move.
Once again it is Saturday evening;
a child's toy trumpet has drowned
"out in the water-butt".
I pause on my homeward way, and ponder:
Tell me,
why does the starling sing in the autumn, unprompted?
Strindberg takes a puff at the long-stemmed pipe
which he's stuck through a hole in the net
and drily states, in the way of one who knows
and isn't just guessing:
It lacks a reason not to.

Fältfloran

Snigeln är strävsamt på väg genom trädgården
och lämnar ett slemstråk efter sig.
Det krypglada barnet på väg över mattan
lämnar ett dregelspår efter sig.
Skall de hinna?
Förstasidesnyheterna handlar inte om leksaker
utan om pjäser skrivna för barn och för vuxna,
för sjöar, lövträd och blommor,
som illa kommer att beröras av föreställningen.
Det börjar kännas som på 50-talet:
dessa ålderdomliga befästningar
med sina moderna kärnvapen.
Hoppet står inte till framtiden
utan till förseningen.
Några letar efter en historisk förklaring.
Andra bläddrar i fältfloran
för att lära sig ett namn till
på något som skall vissna.
Vad heter den där obetydliga rankan
i granitskrevan? Bergglim.
Så vet jag det.
Blommorna små och vita, bladen lansettlika,
kronbladen "urnupna".

Field Guide to Wild Flowers

The snail plods earnestly on through the garden
leaving behind itself a trail of slime.
The child crawls lustily over the carpet,
a trail of dribble in its wake.
Will they arrive in time?
The front-page news doesn't deal with trifles
but dramas written for children and grown-
ups, for lakes and deciduous trees and flowers
which may be unpleasantly affected by this performance.
It begins to feel once more like the fifties —
these antiquated defences
with their up-to-the-minute nuclear bombs.
Hope doesn't lie with the future,
rather in slowing things down.
Some people search for a historical explanation.
Others rummage through the *Field Guide to Wild Flowers*,
teaching themselves one more name
for something which is sure to fade.
What is that unassuming plant which straggles
from the granite cleft? Rock campion:
now I know.
Flowers small and white, leaves lanceolate,
petals "deeply lobed".

På pryltorget

SÄLJES:
Avmaskad, fyra månaders hundhvalp.
Jakttrofé, noshörningshorn, 62 cm.
Churchill: Andra världskriget.
Målvaktsbyxor, magmatta, benskydd,
plockstoppshandske, skridskor.
Parakiter, praktfinkar.
Bandit, 500 kr.
Officerspäls, enastående tillfälle,
matelasserad med renhår.
En nästan ny bäddsoffa.
Indisk safir.

ÖNSKAS:
En hängbjörk. Och vidare en fågel.
En koltrast. Och vidare en sång.
En skymning. Och vidare en tystnad.
En gryning. Och vida kring en sol.
Het sommar. Och efter det en fågel.
En trana. Och därefter snö.

Exchange and Mart

FOR SALE:

Four month old puppy, wormed.
Hunting trophy: rhinocerous horn, 62 cm.
Churchill: *The Second World War.*
Goalie's trousers, stomach-shield, shin-pads,
catching-gloves, a pair of skates.
Parakeets, exotic finches.
One-armed bandit, 500 kronor.
Officer's coat, unique opportunity,
quilted with pure reindeer-hair.
A sofa-bed, almost new.
Indian sapphire.

WANTED:

A weeping birch. And furthermore, a bird.
A blackbird. And furthermore, a song.
A twilight. And furthermore a silence.
A dawning. And later on, a sun.
Hot summer. And after that, a bird.
A crane. Eventually, snow.

Jag klottrar dit en cirkel

Jag vet att var och en av de stora björkarna
kommer att dricka 300 liter grundvatten
och att löven skall avlämna en osynlig gas
som vid middagstiden tätnar till molnhattar.
Jag vet att kroppen hos en nära anhörig,
död nu i 30 år, har avdunstat
och att endast skelettets pennteckning återstår.
Jag minns klädstrecket mellan björkarna
och hennes nytvättade vita lakan
som blåsten ville dra iväg med.
I skolan skulle man gå fram till en svart tavla
och med en vit krita stava till stjärna,
vägskäl och själ.
I dag tar jag min mörka krita
och klottrar en svart cirkel på en vit duk.
Inte leder cirkelbanor långt
och inte bidrar känslor stort till tankelivet,
men bondkatten Linnaeus som har en gul fläck
på nosen och nyss ätit en råtta,
spinner som en traktor, nästan.

I sketch out a circle

I know that every one of the tall birches
drinks 300 litres of water, underground,
and the leaves will release an invisible gas
which thickens around mid-day into chef's hats of cloud.
I know that the body of a close relation,
30 years dead, has dissolved to air
and only the skeleton's pencil-sketch survives.
I remember the clothes-line between the birches,
and her newly-washed sheets
which the wind tried to carry away.
In school one had to go to the blackboard
and spell with white chalk the star,
the cross-roads, the soul.
Today I take my dark-coloured chalk
and sketch a black circle on white cloth.
Circular tracks don't take one very far;
feelings don't contribute much to the life of the mind.
But the farmyard cat Linnaeus, who has a yellow
patch on his nose, and has recently eaten
a rat, purrs mightily, almost like a tractor.

Drömtydning

En gammal gumma visade sig
för min hustru i drömmen.
Hon sade: "Aldrig mer.
Och för alltid."
Min hustru undrar nu vad det betyder.
Betyder, tror jag, endast det
vi redan vet.
Vi ser de badande barnen halshuggas
av Östersjöns vågor
och återuppstå och halshuggas
och uppstå igen.
Och barnen därute ser oss försvinna
och återkomma
och försvinna igen,
på sätt och vis för alltid
och aldrig mer.

The Interpretation of Dreams

An old, old woman appeared
to my wife in a dream.
She said: "Never again.
And for ever."
My wife is wondering what it can mean.
It means, I think, just what
we know already.
We watch the bathing children beheaded
by the Baltic's waves;
they rise again, are beheaded,
rise.
And the children out there see us vanish,
reappear
and vanish:
in such a way, for ever
and never again.

En stund på pizzerian

Lampkuporna har samma form som störthjälmar.
De hårdbelyser de små borden
och bildar en ring av halvmörker
kring varje lunchgäst.
Quartzuren avsöndrar sekund efter sekund.
Det dröjer minst en månad
innan lövsångarn återvänder från ekvatorn.
Då och då får jag brev från en ingenjör
som har beräknat universums ålder till 14 miljarder år.
Jag är inte matematiker,
jag får väl lita till hans ekvationer.
För mig existerar tiden ibland,
ibland inte.
Fallfrukten hejdar sig på halva vägen
mellan gren och gräs och undrar:
Var är jag?
Samtliga gäster i lokalen, inklusive ägaren
som står och klappar den vita pizzadegen,
är dels nyanlända, dels odödliga.
Lövsångarn befinner sig dels här,
dels vid ekvatorn.
Finns det en sådan tid?
Det finns en sådan tid, en sådan punkt i tiden.

A moment in the pizzeria

The lamp-shades are shaped like motor-bike helmets.
They cast a harsh light on the narrow tables,
conjure a ring of half-shadow
around each luncheon-guest.
Digital watches measure off second after second.
At least a month to go
before the willow-warblers return from the equator.
From time to time, an engineer writes to me;
he has reckoned the age of the Universe at 14 billion years.
I am no mathematician,
have to trust his calculations.
For me, time sometimes exists,
sometimes not.
The windfall pauses, half-way in flight
between bough and grasses, and wonders:
Where am I now?
All the restaurant-guests, including the owner
who stands there slapping the white pizza-dough,
are part newly-arrived, part immortal.
The willow warbler lives now here
now at the equator.
Does such a time exist?
Such a time exists, such a point in time.

Vinter i den kommunala parken

Vattenspelet är avstängt för säsongen.
Människan är ingen säsongvarelse
utan överflödar året runt.
Gångstigen slingrar sig genom tiden,
kantad av tulpaner ibland,
ibland av snövallar.
Människan som vandrat här i evighet
pratar mest för sig själv,
ibland med andra eller med en tax.
Hunden som lufsar här herrelös ibland
skäller på egen hand
eller nosar upp en kamrat, en medhund.
Det är bara vattnet som dragit sig tillbaka
för att tänka över vad det skall säga,
något odiskutabelt, häpnadsväckande
i den kommunala parken i april,
maj allra senast.

Winter in the public park

The fountain-mouths are stopped-up for the season.
Humans are no creatures of seasons
but overflow their banks the whole year through.
The footpath snakes its way through time,
sometimes past ranks of tulips,
sometimes past ramparts of piled snow.
Someone who's been walking here forever
talks now mainly to himself —
sometimes with other humans, or a dachshund...
The dog which lumbers about here sometimes
without an owner, barks on its own account,
or sniffs at a friend, some confederate dog.
It is only the water which has with-
drawn to think over what it shall say —
something beyond refutation, waking
astonishment, in the public gardens in April,
or, at the latest, May.

Sång 100 001
(Milarepa och gräset)

Sedan jag sjungit sången om den turkosblå blomman
som skövlas av frosten
och om den gyllene tavlan som bleknar
i samma ögonblick den blivit färdig
och om den vilda forsen överst i dalen
som tämjs av slätten nedanför
och om den efterlängtade sonen som föds
för att strax lämna dig igen
och sedan jag i ytterligare fyra liknelser
sjungit om det förgängliga hos alla ting
lämnade jag Dunkelhetens håla
för att längs Fullkomlighetens led
bege mig till Det Klara Ljusets grotta.
Då stod ett grässtrå i min väg.
Runt strået sjöng humlor och bin sånger
helt olika mina, utan några liknelser i.
Jag som besegrat köttätande demoner
och trotsat mäktiga kungar,
jag som ridit på lejon och tigrar
iklädd endast månljus eller solljus,
mig hindrade ett ynkligt grässtrå!
Jag som är invigd i läran om Tomheten
och den yttre världens narraktiga företeelser
och genom mina predikningar har omvänt vargar
och med ett ögonkast kan vrida kniven
ur en mördares hand och få en förgiftad pil
att ändra riktning,
jag som med torra fotsulor vandrat över floder
och svävat högre än örnarna,
mig tvingade ett grässtrå göra halt!
Ett enbent ting, ett envist ingenting
satte krokben for mig och mina två ben
och för min följeslagare, min trogna stav!

Song 100,001
(Milarepa and the grass)

After I sang the song of the turquoise-blue
flower which was ravaged by frost
and of the golden picture whose brightness
paled the instant it was complete
and of the wild rapids far up the valley
tamed by the flatlands further down
and of the longed-for son who was born
and straight away abandoned you again,
and after I sang in four more parables
of the transience which is in all things —
I left the cave of Darkness
to make my way along Perfection's path
to reach the cavern of Light.
A grass-blade stood in my way.
Around it, honey-bees and humbledores
sang songs entirely unlike mine, devoid of parables.
I who conquered flesh-eating demons
and defied the will of mighty kings,
I who rode on lions and tigers
dressed only in the light of moon or sun,
I was hindered by a wretched blade of grass!
I who am schooled in the doctrine of Emptiness
and the foolish delusions of the outer world,
and through my preachings have converted wolves
and with a glance can twist the knife
from a murderer's hand and cause
a poisoned dart to alter course,
I who have wandered dryshod over rivers
and floated higher than the eagle's flight,
I was forced to halt by a blade of grass!
A one-legged thing, an obstinate nothing
a stumbling-block to trip me and my two legs
and my travelling-companion, my trusty staff!

Jag som visste att detta som liknade ett gräs
inte var ett gräs, jag tvingades av denna företeelse
att linkande och med stora revor i tomhetslärans tyg
återvända till Dunkelhetens håla
och mina 100 000 sånger om det förgängliga.

I who knew that what seemed a grass-blade
was really not grass at all, I was forced by this presence
to turn back limping, great rents torn
in emptiness's doctrine, back to the cave of Darkness
and my 100,000 songs of the transient things.

Lärkorna

Två av fönstren i denna mellansvenska bondgård
håller uppsikt över de ljusöversvämmade sankmarkerna
ner mot en sjö, som är sysselsatt med sina vågor.
Daggmaskarna har startat vårbruket.
Lärkorna bearbetar jorden på sitt sätt.
Jag skulle inte vilja äga dessa fält.
Jag skulle vilja vara dessa fält.

The larks

Two of the windows of this farmhouse deep in Sweden
look out over waterlogged meadows swimming with light
to a lake which is busy now with its waves.
Earthworms have begun the spring ploughing.
The larks adapt the lie of the earth in their fashion.
I should not like to be owner of these fields.
These fields are what I should like to be.

Sällsynt motiv

Alltid äppelklotets "monumentale
gåtfullt sköna urform".
Aldrig skrynkligt, kluvet,
två halvor förenade av en sista
hjärtslitande skinnflaga.
Kärnhusets ögon vidöppna
under trädkronans idoga surr,
under stjärnhimlens idoga skimmer.

A singular motif

Always the apple's perfect sphere, its "monumental-
ly mysterious beauty, its primal form".
Never wrinkled, riven,
its two halves held together by a last
heart-breaking sliver of skin.
The eyes of the apple-core wide-open
under the diligent hum of the tree's crest,
under the diligent glimmer of the stars.

Post festum

Kappor ovanpå rockar. Rockar ovanpå kappor.
Tröjor hopknölade med tröjor.
Mössor varvade med hattar. Hjälmar med turbaner.
Halsdukar sammanslingrade med halsdukar.
Pampuscher, stövlar, stövletter ...

Efter att ha yttrat oss mot bättre vetande,
tigit när vi borde ha talat,
varit överdrivet artiga eller oförskämda
eller bara suttit och småskvallrat
i "hemmets lugna härdsmälta"
eller gömt oss bakom rödvinsdimmor
och täta hårgardiner ...

Och efter att i den bökiga tamburen ha försäkrat
"vi måste träffas snart igen"
och grävt fram våra persedlar
bland kappor ovanpå rockar, rockar ovanpå kappor
och halsdukar sammansmetade med halsdukar...

Står vi äntligen på busshållplatsen
under en vidöppen, lantlig himmel,
som med sin väldiga skopa
öser sin tystnad över oss...

Hur lätt for dig, lantliga himmel,
oberörd, utan längtan efter andra himlar.

Post festum

Capes piled on overcoats. Overcoats piled on capes.
Sweaters entangled with sweaters.
Caps jumbled with hats, crash-helmets with turbans.
Silk scarves bundled with silk scarves.
Overshoes, boots, bootees...

After having spoken out when we should have known better,
kept silent when we should have spoken out,
been excessively polite, or outrageously rude,
or just sat swapping gossip
"in the peaceful nuclear fusion of the home"
or hidden ourselves behind mists of red wine
and close-matted curtains of hair...

And after assuring each other in the untidy hall:
"We must meet again soon",
having dug out our clobber
from capes piled on overcoats, overcoats piled on capes,
and silk scarves smeared against silk scarves —

We finally stand at the bus-stop
under the vastness of a country sky
which reaches into the depths of its bowl
and douses us with its silence...

How easy for you, country heavens,
unperturbed, without longing for other skies.

Spelman och upptecknare

Den gamle spelmannen kunde inte spela längre,
endast tralla.
Den gamle tandlöse spelmannen kunde inte tralla längre,
endast väsa.
I väsandet hördes trallen,
i trallen stråkdragen,
i stråkdragen de otämjda forsarna.
Rätt nöjd cyklade upptecknaren hemåt
med fem mil av Västerdalälven i portföljen.

Fiddler and transcriber

The old fiddler couldn't play any longer,
only sing.
The toothless old fiddler couldn't sing any longer,
only wheeze.
In the wheezing you could hear the singing,
in the singing the stroke of the bow,
in the bow-stroke the untamed torrents.
Really pleased, the transcriber pedalled homewards,
thirty miles of the Västerdal River in his bag.

Redogörelse för yrsel

Vi måste lämna återbud till en seans
med röster från andra sidan
på grund av en röst från denna sida:
"Jag känner mig yr."
På bordet låg en oäten smörgås
med märken efter tänder i den skinniga osten.
Katherine Mansfield uppmanar oss att berätta allt,
till och med hur tvättkorgen knarrar.
En grytlapp hade börjat brinna
och slocknat av sig själv.
Ingen av klockorna visade rätt tid.
Mynt har två sidor
och kartorna röda gränslinjer.
Tvättkorgar hasar omkring.
Befinner sig Guds rike invärtes i oss
eller mittibland oss?
Evangelisten Lukas vet inte säkert.
Hur skulle då ett svävande maskrosfrö kunna säga:
Jag är ett stadigt ankare för era skepp?

An account of dizziness

We had to leave word we couldn't attend
a séance with voices from the other side,
on account of a voice from this side:
"I feel dizzy".
On the table an uneaten sandwich —
toothmarks still there in the leathery cheese.
Katherine Mansfield exhorts us to describe
the lot — even how the laundry-basket
creaks... A pan-holder started to smoulder
then snuffed itself out again.
None of the clocks showed the right time.
Coins have two faces; maps
are divided by frontier-lines in red.
Around and around the laundry-baskets shuffle.
Is God's kingdom within us
or amongst us? St. Luke's
Gospel isn't entirely sure.
So how should a floating dandelion-seed
be able to say: I'm a steady anchor for your ships?

Färg

Kondoren har spanskgröna ben.
Sylvia Plath hade rätt.
Hon tog inte miste den dagen,
den förfärliga dagen före jul:
kondoren har spanskgröna ben.
Hon höll envist fast vid sin syn:
Londons kondorer har spanskgröna ben.
Sådana färger sprider sig.
Pantern i inhägnaden intill
är endast delvis svart.
Kungstigern har behållit de mörka strimmorna
men inte sin gula bottenfärg.
Noshörningen har doppat sitt horn
i den giftiga kopparlösningen.
Barnen i kärran, som lamadjuret
släpar runt uteserveringen,
har en sjuklig ansiktsfärg,
som om de ätit flugsvamp.
Dikt sprider sig.
De studsande fotbollarna i Regents Park
undkommer inte sina plågoandar.
Vilken färg har ynglingarnas knästrumpor?
Kondorens.
Ändå är det en soldisig dag i september
och långt till de förfärliga dagarna kring jul.
Jag tar bussen ner till Westminster.
Bredvid mig sitter en gentleman.
Gentlemännen har spanskgröna portföljer.

Colour

The condor has verdigris-coloured legs.
Sylvia Plath was right.
She wasn't deceived that day,
that terrible day before Christmas:
the condor has legs the colour of verdigris.
She stubbornly clung to her vision:
London's condors have legs of Spanish green.
Such colours are contagious.
The panther in the next enclosure
is only jet-black to a certain extent.
The Bengal tiger has kept its black stripes
yet lost the tawny yellow of their background.
The rhino, too, has dipped its horn
in that poisonous copper-solution.
The children pulled by the llama in a cart
around the refreshment hut
have faces a sickly colour
as though they'd nibbled scarlet flycap.
Poetry is contagious.
The bouncing footballs in Regent's Park
can't escape from their tormentors.
What colour are the young footballers'
knee-socks? The condor's...
As yet it's only September, a day hazy with sunshine;
a long way yet to those terrible days round Christmas.
I take the bus down to Westminster.
Opposite me, a gentleman is sitting. The briefcases
gentlemen hold are the colour of verdigris.

Dröm utan färger

Jag satt på en omålad kälke
som frusit fast i issörjan,
som inte ens var blå.
Över mig briljerade stjärnhimlen
och kring mig stod granskogen,
försjunken i sig själv.
Evighet och stund hörde samman,
tyckte jag,
som medarna på kälken.
Framför mig min far, död sedan länge,
som en tvillingbror på en kälke
vi gemensamt fått i julklapp!
Motstridiga sanningar och hypoteser
som jag hämtat från skolor och böcker
eller från odlingar i min egen hjärna
hängde nu på samma strå,
lika varandra som bär, men färglösa,
genomskinliga — på samma ljusstråle
därnere i granskogsbrunnen.

Dream without colours

I sat on an unpainted sledge
frozen fast in the ice-sludge —
and even that wasn't blue.
Above me glittered the starry heavens;
around me stood the forest of spruce
sunk deep in itself.
Eternity and the moment
belonged together, it seemed to me,
like the runners on the sledge.
In front of me my father, long since
dead, like a twin brother on a sledge
we had got together for Christmas.
Contradictory truths, hypotheses,
garnered from school, or from books,
or home-grown within my own brain,
hung now from a single stem,
as like each other as berries, but colourless,
translucent, caught in a single thread of light
as it slants through the well-spring on the forest-floor.

Snöleoparden

Snöleopardens spår leder alltid in i en grotta.
I grottan sitter alltid en helig man och mumlar:
"Detta är inte detta".
Berget Chomolungma kan vara ett annat berg.

Även hos oss, på våra lägre höjder,
bländar solen med sitt verk om dagen
och fäktar månen med sitt sken om natten.
Staden är kanske en annan stad.

Vad jag behöver är inte en snöleopard
utan en fårhund som håller mina skuggor i schack,
ett stadigt stängsel kring något obestridligt:
"Detta är detta".

Vore det så det minsta bland berg,
en kiselsten.

The snow-leopard

The snow-leopard's tracks lead always into a cavern.
In the cavern sits a holy man. He murmurs:
"This is not this."
The mountain Chomolungma could be some other peak.

With us, too, on our own less lofty heights,
the sun deceives with its blinding visions by day,
foils of moonshine lunge and parry by night.
The town, perhaps, might be some other town.

What I need most is not a snow-leopard,
but a sheep-dog to keep my shadows in check,
a constant barrier round something beyond dispute:
"This is this."

If it were just the tiniest of mountains,
a pebble of flint.

Katten spetsar öronen

Den randiga katten spetsar öronen.
Den randiga katten hoppar ner från sängen.
De svarta ränderna smyger mot dörren.

De spetsade öronen hör steg i trappan.
De vidgade pupillerna ser någon komma.
De svarta ränderna skjuter rygg.

Min vidgade hjärna vet att ingen kommer.
Min intelligens är obestridlig, häromnatten
spelade jag schack med Voltaire — och vann.

Teorierna om gengångare har aldrig bekräftats.
Fladdermössen i Transsylvanien suger inte blod.
Jag ligger lugnt kvar i sängen och darrar.

The cat pricks up its ears

The stripy cat pricks up its ears.
The stripy cat jumps down from the bed.
Black stripes edge towards the door.

Pricked-up ears hear footfalls on the stairs;
wide-open pupils see that someone's coming.
Black stripes arch an invisible back.

My wide-awake brain knows that no-one's coming;
The power of my mind's not in question — the other night
I played Voltaire at chess, and won...

Theories about ghosts have never been supported;
bats in Transylvania really don't suck blood.
I lie there peacefully in bed, and shiver.

Lapidarisk rapport

Fiskarna på de Lapidariska öarna äger tillsammans
en båt och ett nät.

Överallt på de Lapidariska bergens sluttningar
blommar ginsten.

Men en av vulkanerna är i full verksamhet
och avslöjar jordens inre.

Den som besökt huvudstaden, sett dess fasader
och bakgårdar, har sett samtliga städer,

har med parlören i hand stått i världens alla
gatukorsningar och undrat:

I vilken riktning skall främlingen gå?

Lapidary report

Fishermen on the Lapidary Islands own in common
a boat and a net.

Everywhere on the slopes of the Lapidary Mountains
the wild broom flowers.

Yet one of the volcanoes is fully active,
intent on unveiling the bowels of the earth.

Those who have visited the capital, seen its façades
and back-premises, have seen towns everywhere;

have stood, phrase-book in hand, at every
cross-roads in the world, and wondered:

In which direction should a stranger go?

Musiken

En viss förlägenhet griper oss ryggradsdjur,
tillhörande klassen mammalia,
som flockats just här på perrongen.
"Inga djur i denna vagn!"
Ingen vågar kliva upp och sätta sig.
Dörrarna stängs med ett väsande.
Tåget lämnar stationen.
Några skall komma för sent till något
som möjligen var viktigt.
Vi befinner oss djupt nere i gråberget.
Det står en flicka med flöjt och notställ
på avsatsen mellan rulltrapporna.
Fragment av ett adagio ringlar sig ner
och vidrör oss — oavsett vilka vi är
och vart vårt släkte är på väg.

Music

A kind of embarrassment seizes us vertebrates
belonging to the class of mammals,
as we stand in a crowd on the platform.
"No animals in this carriage!"
No-one dares climb in and sit down.
The doors close with a long-drawn wheeze.
The train leaves the station.
Some will arrive too late for something
which might, perhaps, have been important.
We are underground, deep in the granite.
A girl is standing, with flute and music-stand,
in the space between the escalators.
Fragments of an adagio wind their way down
and touch us — no matter what we are,
or where our species may be heading.

Återbesök

Redskap som kommit ur bruk står lutade mot väggen
eller hänger på rostiga krokar.
Någon gång mellan första och andra världskrigen
drunknade en skogsmus i tjärtunnan.
Barnbarnet ser inte hålen i luften efter trädkronor
men får istället syn på något som blänker i gruset
och som även solen tycks intressera sig för:
en blågrön slaggsten, en biprodukt
vid framställningen av järn.
Det räcker inte till en teori om skönhet.
På hemvägen passerar jag själsfränder,
stengärdsgårdar med enstaka ödlor i.

Return visit

Equipment long out of use stands leaning against the wall
or hangs from rusted hooks.
Sometime between the first world war and the second,
a wood-mouse drowned in the barrel of tar.
My grandchild doesn't see the gap in air where the tree-tops
stood; glimpses instead something that gleams in the dust
and also seems to catch the sunlight's attention; —
a blueish-green cinder, produced
in the smelting of iron.
It doesn't add up, quite, to a theory of beauty.
On the way home, I pass by kindred spirits —
dry-stone walls with, here and there, a lizard in them.

Stora härliga byggnader

Smått, vintergrått och sömnlöst.
Pyramiderna borde man nog se.
Men lika ofta drömmer jag om
julikvällens babelstorn av myggor.

The splendour of great buildings

Pinched, grey as winter, short of sleep...
One ought to see the Pyramids, no doubt.
But just as often I dream of July
evenings, with their Babel's Tower of tiny flies.

Angående den Stora Varelsen

Finns det en stor, en allt omslutande Varelse
i vilken vi ingår som mindre varelser,
som sjöhästar i havet, kvalster i björnpälsen,
bobyggande fåglar och nektarsökande insekter
i en sjungande trädkrona?
Euforiska dagar, då vi tyngdlösa simmar omkring
bland vitskummande gåvor, frestas vi tro
att en sådan Varelse finns.
Dock ser jag duvor och kajor söka nattskydd i nischer
på utsidan av en kyrka,
stängd nu, på insidan upplåten åt mörkret.
Antagligen existerar inget självlysande
outsläckligt Ljus.

Detta antagande gör jag i oktober,
då badstränderna ligger öde och endast månskenet
klättrar i hopptornen.
Trampolinerna borde kunna användas året om,
om vi visste att vi kunde kasta oss ut
i vilken riktning som helst
och alltid uppfångas av Någon som omsluter oss.

Concerning the Supreme Being

Is there some great, some all-embracing Being
in whom we are subsumed as lesser beings,
like sea-horses in the sea or mites in bearskins,
like nest-building birds and nectar-seeking insects
in a tree-top which sings in the wind?
On days of euphoria, as we swim in a weightless dream,
a shining foam of unlooked-for gifts, we're tempted to think
such a Being exists.
Yet I see pigeons and jackdaws seek shelter for the night
in the outer walls of a church
whose interior is locked now, abandoned to the dark.
I assume there is no such luminous,
unquenchable light.

I make this assumption in October
when bathing beaches lie empty, and only moonlight
climbs the high-diving board.
Springboards should be usable the whole year through,
if only we knew that we could throw ourselves
in any direction whatever
and be caught by Whoever it is encompasses us all.

Efter stormen

Man bränner ris och städar upp efter stormen.
På båda sidor av vägen ligger numrerade stockar
och väntar på transport.
Det är tillräckligt många träd kvar i London
för fåglar att landa i och hundar att nosa på.
En kaja intresserar sig för en tom påse i gräset,
kloar fast den med ena foten, sticker in näbben
och letar efter något kvarlämnat ätbart.
Såsom jag själv i går kväll höll fast en uppslagen bok
och med ögonen letade efter något ovedersägligt.
Tillsammans med en ekorre betraktar jag eldtungorna
som försöker lösgöra sig från det brinnande riset.
Deras flämtande språk påminner om mitt
och ekorrens tjatter, som sinsemellan skiljer sig åt
endast beträffande antalet fonem.
En blå rök innesluter oss som i ett tält.
Då och då öppnas tältdörren av en vindstöt
och låter oss se konturen av en ovedersäglig stad.

After the storm

They are burning twigs and clearing up after the storm.
On both sides of the road, logs marked with
numbers wait to be carted away.
There are still, though, enough trees in London
for birds to land in, for dogs to probe at and sniff.
A jackdaw is taking an interest in an empty bag
in the grass; pins it fast with a claw, sticks in his
beak, searching for something edible left behind.
In just the same way, last night I opened a book
and let my eyes wander, hunting for certainties.
Together, a squirrel and I observe the tongues of flame
trying to break loose from the bonfire of twigs.
Their flickering, sputtering speech recalls what I
and the squirrel say, our chatter dis-
similar only respecting the number of phonemes.
A cloud of blue smoke encloses us as in a tent.
Now and then a gust of wind opens the tent-flap,
letting us see the outline of — quite certainly — a town.

Tornet

Upp ur Skandinaviens ovulkaniska mark
reste sig en gyttjesprutande fontän.
Det skedde inte i det allmänna, litterära,
utan på granngårdens leråker.
Gluggar öppnade sig i den rinnande pelaren,
drömmens vaggande höghus.
Enstaka varelser, tornfångar
eller turister från Stockholm,
visade sig i lerluckorna.
Bondens gårdvar, död sedan länge,
lade tassarna på "fönsterbrädet"
högt däruppe.
Alla gnydde och jämrade sig på ett språk
som ännu inte delat sig i flera.

The tower

Up from Scandinavia's unvolcanic ground
rose a geyser of mud.
It happened, not in some general, literary way,
but in the clay acres of the neighbouring farm.
Loopholes opened in the flowing column,
that swaying high-rise of dreams.
Occasionally creatures, prisoners in the tower
or tourists from Stockholm,
appeared through openings in the clay.
The farmer's guard-dog, long since dead,
laid its paws on the "sill"
far above.
Everyone clamoured and whimpered in a language
undivided still.

Språk

Inte bara klassikern, skridande på versfötter,
inte bara den moderna språkbråkmakaren...

Även havets nerver, även vågorna skriver dikter.
Elegiskt eller i full storm beskriver de den kust
de har i sikte och mot vilken de skall krossas.

Visst finns det berättelser utanför språket.
Kiselstenar som klapprar fram ord.
Skum som fraserar.

Language

Not only the classics, striding along on stilted feet of verse,
not only the modern maker of mayhem in words...

Also the nerves of the sea, also the waves can write poems;
in smooth elegiacs or heightened to full storm, they picture
the coast-
line they have in their sights, against which soon they'll
be smashed.

Indeed there are narratives quite outside language:
pebbles which rap out their words of stone,
foam which moulds elaborate phrases.

Snart viker seklet hop sin tidning

Äntligen gick de!
Tamburens galgar gungar som gondoler.
Utanför porten fortsätter trätan
mellan köttätaren och den gröna människan.
Vem lever trygg i sin kroppshydda?
Majakovskij, livrädd för baciller,
med tvålasken alltid i fickan,
förgiftades av kärlek.
I den tjugotredje veckan börjar fostret drömma.
Vad kan ett foster drömma om?
Om det ofärdiga.
Drömlös simmar karpen
i seklets krympande göl.

Soon the century will fold up its *News*

At last they have gone!
Behind them, coat-hangers sway in the lobby like gondolas.
Out-of-doors, the quarrel goes on
between the eater of meat and the Green.
Who can live safe in their skins?
Mayakovsky, scared to death of bacilli,
kept a cake of soap in his pocket
yet was finally poisoned by love.
In the twenty-third week, the foetus begins to dream.
Of what can a foetus dream?
— Of the partially formed, the uncompleted.
Dreamlessly, the carp swims on
in the century's dwindling pool.

Annorlunda hos ekorrarna

Dämpat hos grannarna till höger.
Hos grannen till vänster tyst.
Lågmälda samtal inunder.
Varför tiger du själv?
I huset på andra sidan gatan
tjattrar de minsann som markattor,
vrålar de som blödande cykloper.
Hos athenarna var det annorlunda.
Annorlunda är det hos ekorrarna.
Utan intresse för de två frågorna
"Vilka voro vi?", "Varthän kastades vi?"
flyger de i varma pälsar mellan träden.

For squirrels it's different

Muted sounds from neighbours to the right;
from those on the left, silence.
Talk in low voices filters from below.
Why do you keep silent?
In the house the other side of the street
they chatter, indeed, like monkeys,
they bellow like wounded Cyclops.
It was different for the Athenians;
for squirrels, too, it's different.
Without the least interest in the questions:
What were we? Where were we flung?
warm in their furs, they fly between the trees.

Främlingen

Broderskap, hopskakade i bussar på serpentinvägar
eller på färjor vid annalkande storm.
Cancerrädslans systerskap i väntrum
med konstföreningsgrafik och gullrankor.
Vilken obehaglig typ, han där borta,
utan behov av tröst och illusioner!
Mariatorgets huttrande duvor
varken rör eller stör honom.
Två gånger har jag frågat vem han är
utan att han svarat.
Som tillhörde han ett annat språkområde
eller var han en skugga
med den indolens som kännetecknar skuggor.

The stranger

Brotherhood, shaken together in buses on winding roads
or on ferry-boats when a storm approaches.
Sisterhood, scared stiff of cancer, in waiting-rooms
lined with artists'-guild drawings and ranks of potted
vines. What an unpleasant type, that man over there,
who has no need of comfort or illusions!
The shivering pigeons in Mariatorget
don't touch or disturb him.
Twice I have asked him who he is
without receiving an answer.
As though he were living in another language,
or as though he were a shadow
with that indolence shadows tend to assume.

Drömmen om den stora tärningen av is

Inte bara ensliga gårdar utan hela byar,
ja en residensstad med rådhus och domkyrka
låg infrusen i den stora istärningen.
Sent skall jag glömma den drömmen.
Synligt men förseglat pågick vardagslivet därinne.
Ljud som annars tränger vitt omkring,
ylandet från kedjade hundar på landet,
skrik ock skratt från skolgårdar och nöjesfält i staden,
stampande pålkranar... Ingenting hördes.
Med visselpipa i munnen gick en konduktör
från vagn till vagn och smällde igen dörrarna.
Sakta, som på stumfilmens tid, började tåget rulla.
Oberörda av isen brann tystlåtna eldar.
Som pistolskott kan det annars låta
när brasor sprakar till och glödloppor hoppar ut.
Det som förvånade mig mest var den absoluta klarheten.
Repade och ojämna var de fönsterglas
jag dittills sett.
Imman från vår åtrå skymmer det vi ser.

The dream about the giant block of ice

Not just lonely farms; whole villages, indeed
a princely town with cathedral and town hall
lay frozen within the giant block of ice.
It will be long before I forget that dream.
Visible but sealed-in, their daily life went on.
Sounds which otherwise carry for miles —
howling from chained dogs out on the farms,
screeching and laughter from school yards and fairgrounds
in town, the pile-drivers' stomp... Nothing at all was heard.
Whistle clamped in his mouth, a guard passed along
from carriage to carriage, slamming the doors shut.
Slowly, as though in the silent cinema's time, the train
began to move. Untouched by the ice, those silent fires
                              burnt on —
though it otherwise sounds like a pistol-shot
when log-fires crackle and red-hot sparks jump out.
What astonished me most was how utterly clear it was.
Scratched and lumpy seemed all the window-glass
I had seen till then.
The mist of our longings makes dimmer what we see.

Ord utan sång

I kanoter inte större än ärtskidor
överskred de den kända världens gränser,
ofta sjungande.

På hästar inte större än hundar
red de uppför fem tusen meter höga berg
och blickade ut över trädgårdar
som genast med hymner besjöngs.

Enbart med strupar, tungor och läppar
kunde statyer vältas och järnportar öppnas.

Sedan följde det sånglösa, ironiska skedet.
Halvätna maskar vrider sig i fågelnäbbar.

Words without song

In canoes no bigger than pea-pods
they crossed the known world's edges;
often they sang.

On horses no bigger than dogs
they rode up mountains five thousand metres
high; they gazed over gardens
at once made sacred in song.

Merely with throats and lips and tongues,
statues could be toppled, iron gates opened wide.

Then followed the songless, the ironic age.
Half-eaten earthworms writhe in the beaks of birds.

Min grekiska världsbild

Det stod ingenting i Bergslagsposten
om jordbävningen i Japan
som lagt huvudstaden i ruiner.
Två kvinnor satt i ett kök och drack fatkaffe
och suckade över sina egna öden:
en änka med flera barn,
en ogift, tukthusstraffad piga
som gömt en nyfödd gosse i kärret.
Hon haltade svårt.
Det var före höftoperationernas tid.
Nobelpris hade börjat delas ut
för upptäckter om atomens inre.

Det jag kunde se och höra genom fönstret
bekräftade grekernas teori om de fyra elementen.
I smedjan på andra sidan vägen brann elden.
Smeden hamrade på medar till en timmerkälke.
En kärra skramlade förbi lastad med jord.
Vad luften beträffar skimrade den i blått,
beredd att bära allt som önskade bli buret.
Från tjärnen skulle lommen återvända
till Kaspiska havet.
Möjligen fanns ovanför månen ett femte element
som övervakade de andra.

Rörelserna var av två slag,
en uppåtgående och en nedåtgående.
De växlade oavbrutet, som jubel med jämmer,
som åtrå med leda, som gnistorna
när smeden drog i bälgen.

De blommade på färden upp från härden
och vissnade på färden ner
och blommade åter upp
såsom de gamla grekerna förutsagt.

My Greek world-picture

Nothing was mentioned in the *Bergslags Post*
about the earthquake in Japan
which laid the capital in ruins.
Two women sat in a kitchen, drinking coffee
from saucers, lamenting their fates:
one a widow with several children,
one an unmarried servant-girl who'd been to prison;
she'd concealed a new-born baby boy in the marsh.
She had a bad limp.
It was before the days of hip-operations.
Nobel prizes had started to be given out
to those discovering the inner worlds of the atom.

What I could see and hear through the window
confirmed the Greeks' theories about the four elements.
In the smithy the other side of the lane, fire burned.
The blacksmith hammered on a wooden sledge's runners.
A cart rattled by, laden with earth.
As for the air, it shimmered up there in the blue,
ready to bear aloft all that wished to be borne.
From the lake, black-throated divers
would return to the Caspian Sea.
Maybe beyond the moon overhead was some fifth
element, which kept watch on the other four.

The movements in this picture were of two
sorts, one rising, one tending to
fall. They kept changing places, like joy with
lamenting, desire with disgust, like the sparks
when the smith worked the bellows.

They blossomed as they journeyed
up from the hearth, withered on their journey
down, blossomed as once more they rose,
exactly as the ancient Greeks foretold.

Ryttarinnan

Någon närmar sig i drömvirvlarna
långt ute på campagnan.
Man eller kvinna?
En ryttarinna!
I svart dräkt?
I svart dräkt med rött foder, synligt
när hon tvärvänder!
Varför skyggar hästen?
Varför vänder hon?
För de snötyngda trädens skull.
Hur vet jag det?
Står att läsa i nordiska sagor,
i dikter skrivna i år.

The horsewoman

Someone draws nearer, out of the whirl of dreams
far out in the campagna.
Man or woman?
A horsewoman!
In a robe of black?
In a robe of black, with scarlet lining, glimpsed
as she turns aside.
Why does the horse shy?
Why does she turn?
Because of the trees bowed in snow.
How do I know that?
It's there to be read in Norse sagas,
in poems written this year.

Oändligheten och brödet

Sängliggande, tjudrad med två slangar,
försöker jag föreställa mig oändligheten.
Jag lyfter av taket på sjukhuset
som astronomen nattetid öppnar observatoriets kupol.
Evigheten har inte ändrat sig mycket
sedan jag sist hade den i tankarna:
vithårig, utan rynkor, varken man eller kvinna.
Långt ute på oändlighetens isvidd
ser astronomen någon närma sig.
Det är hans hustru, hon andas lugnt.
Även det hon bär i handen andas,
ett bröd, nybakat, med korinter i.

Södersjukhuset 28/4 1996

Infinity and the loaf of bread

Confined to bed, tethered by twin tubes,
I try to picture for myself infinity.
I lift off the hospital roof, as at night
astronomers open up the observatory dome.
Infinity hasn't altered much
since last I had it in my thoughts:
white-haired, no wrinkles, neither man nor woman.
Far out on infinity's icy steppes,
the astronomer sees someone else draw near.
It is his wife; her breathing is calm.
What she has in her hand is also breathing:
a loaf of bread, new-baked, with currants in.

Södersjukhuset 28/4 1996

Förr i sömntunga trakter

Liten till växten, tjockt svart hår.
Ögon, inte som deras.
Luva kantad med lekattsskinn.
Läderbälte med mässingssnirklar.
Bjällror kring vristen.
Elden fick liv.
Kittlar började sjuda.
Hopfällda knivar fällde ut sina vingar.
Mycket kunde ha inträffat
om inte snön börjat falla
över de slumrande gårdarna
i den sömntunga socknen,
där alla gossar hade halmgul lugg.
Hur vet jag det?
Det är jag som är snön.

Once, in sleepy districts

Short of stature, thick black hair.
Eyes not like their own.
Cap trimmed with ermine.
Leather belt with brass flourishes.
Bells that clanked at the wrist.
Fires were alight; cauldrons
started to bubble.
Clasp-knives unclasped their wings.
Much might have happened
if snow had not begun to fall
over slumbering farmsteads
in a drowsy parish
where all the boys had straw-yellow quiffs.
How do I know that?
I am the snow.

Längtan

Nymånen speglar sig i jordens gölar.
En nattsköterska lutar sig över en bädd
för att stuka till kudden åt en åldring
som skall dö nästa dag.
Vad flinka och friska finskorna är!
En skröplig arm sträcker sig upp mot den vackra,
den onåbara, hon från Karelen.
Det finns ett slitet ord för detta avstånd
mellan hand och kind
och ögats minne av en astrakan högt uppe.

Longing

The new moon's mirrored in the lakelets of the world.
A night-nurse is bending over a bed
to plump up the pillows for somebody old
who will die next day.
How deft, how healthy and strong the Finns are!
A feeble arm tries to stretch up to the beautiful,
the unattainable, the girl from Karelia.
There's a worn-out word for the distance which lies
between hand and cheek, for the eye's recollection
of an astrachan-apple high up in the tree.

Israpport

Om Ekelöf levat och stått vid sitt fönster i Sigtuna
på eftermiddagen den 19 februari i år
skulle han ha sett en man sitta på en fällstol ute på fjärden
och rycka med sitt pimpeldon
och en annan man i krimmermössa närma sig.
På förmiddagen kunde Ekelöf ha bläddrat i en nyutkommen
bok
om en man från Toscana, född 1452, som förmanade sig själv
att beskriva och avbilda allt han såg.
"Beskriv gröngölingens stjärt och krokodilens käft".
På grund av sin frusenhet ville mannen i krimmermössa veta
hur tjock isen var.
Han längtade till töandets och tinandets månad,
då vårlökarna omringar stadens ruiner
och de barhuvade myrstackarna ute i skogen jublar.
Mannen på fällstolen svarade inte,
upptagen som han var av att tyda fiskarnas språk.
Klockstapelns fyra timslag bar med sig doften av kaffe.
De båda männen försvann.
Ekelöf var nu ensam ägare till fjärden.

När vi blundar eller inte längre orkar se
får vinden leka med sig själv därute,
skriver vinden sig själv.

Ice-report

If Ekelöf were alive and stood at his window in Sigtuna
on the afternoon of February 19th this year,
he'd have seen a man on a camp-stool out on the frozen bay
who tugged at his bob-and-line
as a second man in a lambskin cap came nearer.
That morning, Ekelöf could have leafed through a book,
newly out, concerning a man from Tuscany, born 1452,
who exhorted himself to describe and depict all he saw:
"Describe the green woodpecker's rump, the crocodile's jaws."
On account of how cold he was, the man in the lambskin cap
wanted to know how thick was the ice?
He longed for the month when everything melts and thaws,
when yellow stars-of-Bethlehem surround the town ruins,
and out in the forest newly bared ant-hills rejoice.
The man on the camp-stool didn't reply,
taken up as he was with unravelling the language of fish.
The bell-tower's four strokes brought the smell of coffee
nearer. Both men vanished from sight.
Ekelöf now had the whole bay to himself.

When we doze off or can't any longer see,
the wind must play on its own out there,
the wind itself writes.

Editions and texts

Various selections from Aspenström's work appeared in his lifetime. I have used two of them as the basis for this edition — that of 1966 in Bonnier's Svenska Lyriken series — **D1** — which contains a generous selection of his poems to that date; and that of 1997 in the same series — **D2** — which contains a more stringent selection from all but the very last poems, and which I have taken as the *Ausgabe letzter Hand*. Where texts diverge, I have, with one exception, taken that of **D2**, whilst noting the more interesting variants.

When it came to selection of poems for inclusion, I followed my own taste, by and large limiting my choice to those W.A. included in **D2**; but adding two poems — "Shadows" and "Poem" ("Someone comes closer...") printed in **D1** but not in **D2**. I have also included three later poems, "I sketch out a circle", "Language" and "The Horsewoman", which W.A. could have included in **D2** but did not. The selection from his final collection, *Israpport*, is my own. In general, the poems translated here represent as wide a selection as possible of Aspenström's work. However, I have had to omit the handful of poems in rhyme scattered through the collections of the 80s and early 90s; they are lovely, but seem too firmly locked into the sound-world of Swedish to be susceptible of translation. I regret the omission and record the loss.

R.Y.

Notes

pp. 12-3: "One morning early". In **D2,** line 10 is omitted.

pp. 22-3: "The unknown". In earlier editions (e.g. **D1**), the first stanza contained a third line: *överkliga som moln* / "unreal as clouds"; on the hilltops, it is *ståthållerens* / "the Viceroy's" hunting lodge which gleams.

pp. 26-7: "Ages". In **D1**, the final line read: *Men glad var fotens lek i slagna gräset* / "But happy the feet danced in the beaten grasses".

pp. 30-1: "The woodcutter journeys to heaven". Originally, line 1 ended: *(Så berättas det)* / "(So it is told)".

pp. 50-1: "The bells". In an early recording (presumably made before **D1**), amongst a number of variants, one stands out: WA reads line 10 as: *ty Gud är död/* "for God is dead".

pp. 66-7: "I sketch out a circle"; "the star, / the crossroads, the soul": a schoolroom exercise in spelling a particular sound in Swedish.

pp. 74-7: "Song 100,001"; Milarepa: 11th century Tibetan mystic and poet. The four parables quoted here are "drawn from Milarepa's *Song about Transience in Eight Parables.* The other four are: the rice which will soon be cut for harvest; the silken cloth which will split apart; the beautiful jewel which will pass to someone else; and the moonlight which will fade". [WA's note.]

pp. 86-7: "An account of dizziness"; "St. Lukes/Gospel..." Ch. 17, v. 21 can be translated in either sense.

pp. 100-1: "Return visit"; a much shorter version of the (22 line) original in *Varelser.* The earlier version makes it more explicit that the "visit" is to a farm museum.

pp. 132-3: "Ice-report"; "Gunnar Ekelöf ..." lived in Sigtuna for some years before his death from cancer in March, 1968.
"A man from Tuscany": Leonardo da Vinci. The "book, newly/out" was a selection of Leonardo's writings, entitled *Vatten och Vind,* "Water and Wind", to which Aspenström had been invited to contribute an introduction. [WA's note.]